MEIO-DIA, PANELA NO FOGO, BARRIGA VAZIA!

Direção editorial: Zolferino Tonon

Organização: Jakson Ferreira de Alencar

Assessoria pedagógica: Kátia Karam Gonzalez

Projeto gráfico e produção editorial: AGWM Artes Gráficas

Impressão e acabamento: Paulus

Dados Internacionais de Catalogação na Publicação (CIP)
(Câmara Brasileira do Livro, SP, Brasil)

Meio-dia, panela no fogo, barriga vazia! /
[organizador Jakson Ferreira de Alencar].
São Paulo: Paulus, 2010. - Coleção Ciranda Cirandinha.

Vários autores.
Vários ilustradores.

ISBN 978-85-349-3165-6

1. Cultura popular - Literatura infantojuvenil
2. Folclore - Brasil - Literatura infantojuvenil
I. Alencar, Jakson Ferreira de. II Série

05-7887   CDD-028.5

Índices para catálogo sistemático:

1. Folclore brasileiro: Literatura infantil   028.5
2. Folclore brasileiro: Literatura infantojuvenil 028.5

1ª edição, 2010
2ª reimpressão, 2016

Coleção CIRANDA-CIRANDINHA

- *Amanhã é domingo, pede cachimbo,* VV.AA
- *Meio-dia, panela no fogo, barriga vazia!,* VV.AA
- *Um elefante incomoda muita gente, duas cobras incomodam muito mais,* VV.AA

© PAULUS – 2010

Rua Francisco Cruz, 229 • 04117-091 – São Paulo (Brasil)
Tel.: (11) 5087-3700 • Fax: (11) 5579-3627
paulus.com.br • editorial@paulus.com.br

ISBN 978-85-349-3165-6

Sumário

1. Só um cara viu — 7
2. Provérbios e ditos populares — 10
3. Admiração — 13
4. Adivinhas — 16
5. A mulher de chapéu e a lagartixa de óculos — 20
6. Quadrinhos — 23
7. Parlendas — 31
8. Trava-línguas — 38
9. Limeriques e quadrinhas — 41

Autores e ilustradores que participam deste volume

Celso Sisto: escritor, arte-educador, ilustrador, especialista em literatura infantil e juvenil, mestrando em literatura. Tem 23 livros publicados, alguns dos quais premiados. Faz parte do grupo Morandubetá de contadores de história.

Cláudia Scatamacchia: formada em comunicação visual, pintora e desenhista, trabalha também com artes gráficas e edição de arte. Como ilustradora de livros infantis e juvenis, já recebeu muitos prêmios, entre eles o Jabuti e o da Associação Paulista dos Críticos de Arte (APCA).

Cláudio Martins: ilustra e escreve livros para crianças desde os anos 1980. Atualmente, tem mais de 300 livros ilustrados e mais de 40 de sua autoria. Ganhou vários prêmios como ilustrador e escritor.

Elias José: viveu em Minas Gerais, sua terra natal. Foi professor de literatura no Ensino Médio e no Ensino Superior. Tem mais de 100 livros publicados para adultos, crianças e jovens, em diversos gêneros. Recebeu duas dezenas de prêmios e seus livros já venderam mais de 2 milhões de exemplares.

Luiz Maia: mineiro de Sabará, morando atualmente em São Paulo, começou a carreira como ilustrador trabalhando para jornais e revistas, depois passou a ilustrar também livros infantis e juvenis. Em 1991, ganhou o Prêmio Jabuti de Melhor Ilustração. Trabalhou também no teatro, fazendo cenários, figurinos, teatro de bonecos e também como ator.

Mariângela Haddad: mineira, arquiteta, ilustradora de livros didáticos e de literatura infantil e juvenil desde 1982. Gosta de experimentar técnicas diferentes de ilustração e tem participado de diversas exposições. Já recebeu alguns prêmios, incluindo o Prêmio Incentivo no 10º Concurso Noma de Ilustração Infantil, em Tóquio, Japão.

Nezite Alencar: vive no sertão do Ceará, sua terra natal. Trabalha na área de educação, há quase 40 anos, como professora, diretora e fundadora de uma escola comunitária. É também poetisa, com alguns livros publicados.

Osnei Furtado da Rocha: iniciou profissionalmente como ilustrador em 1972, na área de publicidade. Em 1976, começou a atuar também em editoriais, como chargista e cartunista. Fez ilustrações para inúmeras revistas, livros, CDs e histórias em quadrinhos. Em 1989, começou a ilustrar livros didáticos e de literatura infantil e juvenil.

Regina Carvalho: trabalhou como educadora por muitos anos, colaborando na formação de crianças e professores. Como contadora de histórias, prende a atenção de seus ouvintes. Escreve histórias infantis e é autora de livros didáticos nas áreas de alfabetização e língua portuguesa.

Tatiana Belinky: é escritora e tradutora com muitos livros publicados. Foi a responsável pela primeira adaptação do "Sítio do pica-pau amarelo" para a televisão, entre outros projetos feitos para esse veículo. Já recebeu diversos prêmios importantes, e é uma das escritoras para crianças de maior destaque no país.

Apresentação

Nascemos e vivemos envolvidos pela cultura do nosso povo. Temos uma relação afetiva, prazerosa com a cultura popular, principalmente com uma de suas manifestações mais fortes, o folclore. Essa cultura é parte de nossa identidade. Por isso é muito agradável e necessário ter contato com ela.

O mestre do folclore e da cultura popular brasileira Câmara Cascudo põe o folclore ao lado da cultura letrada como fontes de conhecimento do mundo. Ao lado da cultura letrada, as expressões de cultura popular são fonte de sabedoria que explicam quem somos e inspiram nosso dia a dia, nossa música, artes plásticas, danças, nossa culinária, tudo o que fazemos e nossa maneira de interpretar o mundo e a vida.

A coleção Ciranda Cirandinha reúne textos de diversos gêneros da cultura popular com objetivo de ajudar as crianças a cultivarem o prazer da leitura. Os textos são agradáveis de ler, porque expressam nossas raízes culturais, e são plenos do ritmo, da alegria e do imaginário brasileiros. A coleção junta o prazer da leitura com a sabedoria da cultura popular e conta

com vários dos melhores autores e ilustradores da literatura infantil brasileira.

Os livros foram organizados de forma a serem acessíveis a leitores com níveis de leitura diferenciados, com tamanhos de textos e níveis de complexidade adequados para leitores iniciantes, em processo ou fluentes. Os educadores, pais ou os próprios leitores poderão escolher o volume da coleção mais adequado para seu nível de leitura.

Jakson de Alencar
Editor de Literatura Infantil e Juvenil

1
SÓ UM CARA VIU

Elias José
Ilustrações: Cláudia Scatamacchia

EU JÁ VI,
  VI E NÃO VOU VER DE NOVO,
  MACACO FAZER DISCURSO
  SÓ PRA ENGANAR O POVO.

EU JÁ VI,
  VI E LEVEI UM CHOQUE,
  UM SAPO TOCAR GUITARRA
  CANTANDO UM LOUCO ROCK.

EU JÁ VI,
 VI E NÃO POSSO ME LEMBRAR,
 O LEÃO DO CIRCO AOS BERROS
 FAZENDO O DOMADOR DANÇAR.

EU JÁ VI,
 VI TANTO E AINDA ACHO POUCO,
 MAS SE CONTO NO MEU CANTO
 O LEITOR DIZ COM PENA: — É LOUCO!

2
PROVÉRBIOS E DITOS POPULARES

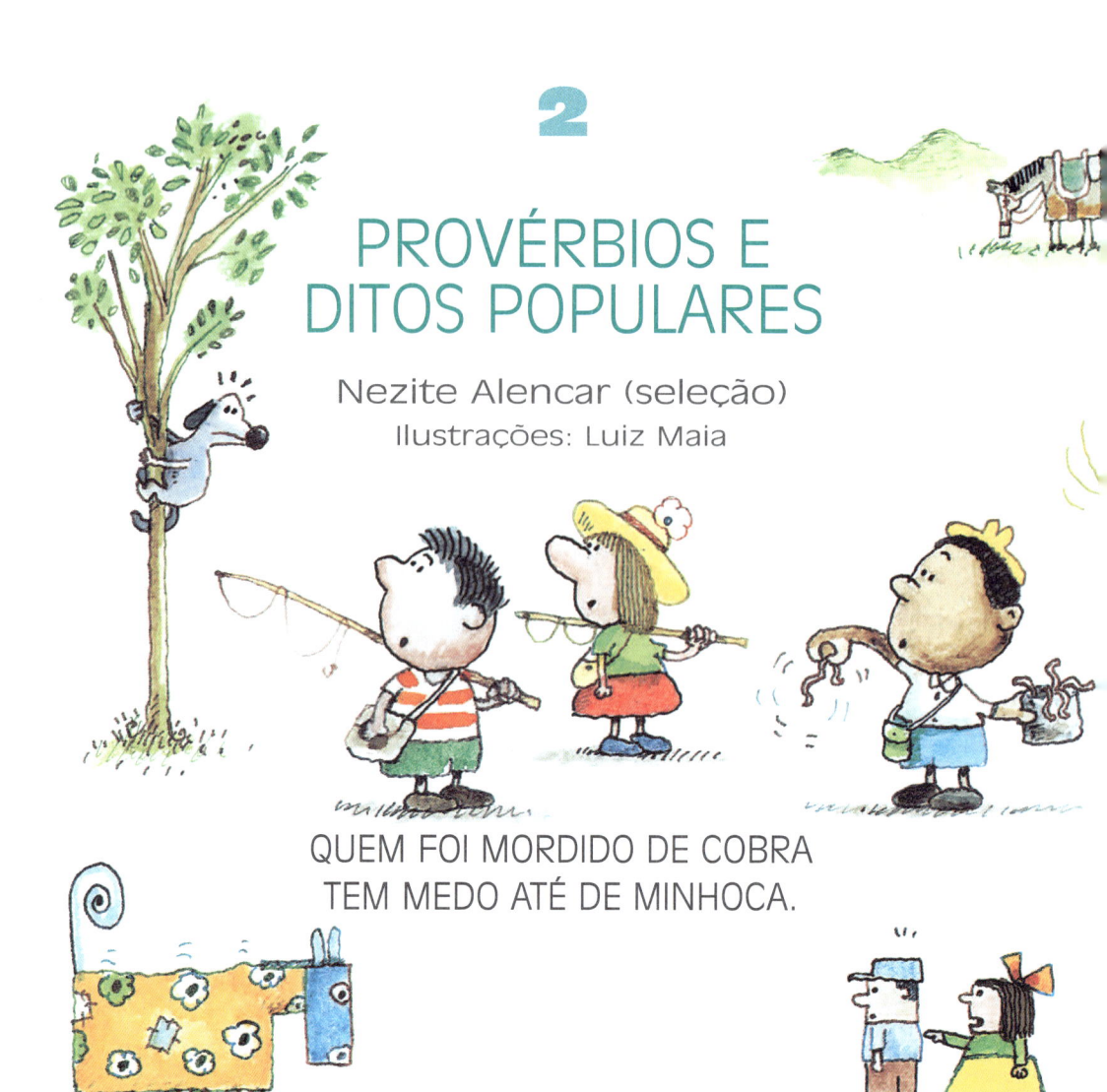

Nezite Alencar (seleção)
Ilustrações: Luiz Maia

QUEM FOI MORDIDO DE COBRA
TEM MEDO ATÉ DE MINHOCA.

QUEM AFAGA MULA SÓ LEVA COICE.

EM GROTA* DE SURUCUCU, NÃO DESCE NEM URUBU.

*A palavra "grota" tem o sentido de lugar onde vive ou está alguma cobra surucucu.

ABELHA QUE MUITO VOA NÃO FAZ MEL.

QUEM TEM RABO DE PALHA NÃO CHEGA PERTO DO FOGO.

ANTES BURRO QUE ME LEVE
QUE CAVALO QUE ME DERRUBE.

EM TERRA QUE NÃO TEM GALINHA,
URUBU É FRANGO.

QUEM COM PORCOS SE MISTURA,
FARELO COME.

MACACO VELHO NÃO PULA EM GALHO PODRE.

DOIS BICUDOS NÃO SE BEIJAM.

BRIGAM AS COMADRES, APARECEM AS VERDADES.

QUANDO A RAPOSA ESTIVER FAZENDO SERMÃO, CUIDADO COM SUA TRAIÇÃO.

3
ADMIRAÇÃO

Elias José
Ilustrações:
Cláudia Scatamacchia

"TODO MUNDO SE ADMIRA
DO MACACO ANDAR EM PÉ.
O MACACO JÁ FOI HOMEM,
PODE ANDAR COMO QUISER."

TODO MUNDO SE ADMIRA
DA ZEBRA SER LISTRADA.
A ZEBRA JÁ FOI TODA BRANCA,
ANTES DA PRIMEIRA SER PINTADA.

TODO MUNDO SE ADMIRA
DO GALO CANTAR TÃO BEM.
A GALINHA NÃO ELOGIA,
MAS QUERIA CANTAR TAMBÉM.

TODO MUNDO SE ADMIRA
DO POETA SABER DE TUDO.
SE O LEITOR GOSTA DE FOFOCA,
POR QUE ENTÃO VAI FICAR MUDO?

4
ADIVINHAS

Celso Sisto
Ilustrações: Luiz Maia

1. O QUE É, O QUE É,
   TEM DENTES,
   MAS NÃO MASTIGA?

2. O QUE É, O QUE É,
   QUENTE OU FRIO,
   TANTO FAZ,
   NÃO SABE FICAR PARADO,
   E ASSIM COMO LEVA, TRAZ?

3. O QUE É, O QUE É,
   ELA VAI, ELA VEM,
   ABRE E FECHA MUITO BEM,
   E PRA DEIXAR VOCÊ PASSAR,
   NEM PRECISA SAIR DO LUGAR?

4. O QUE É, O QUE É,
   QUE SE USA PRA COMER,
   MAS NINGUÉM COME?

5. O QUE É, O QUE É,
   TEM NOME DE PÁSSARO,
   E CORRE NO AR,
   MAS SÓ VAI LÁ LONGE,
   SE O FIO DEIXAR?

6. O QUE É, O QUE É,
   PODE CHAMAR PARA A REZA,
   PODE CHAMAR PARA A FESTA,
   ESTÁ LÁ EM CIMA DA TORRE,
   PRA DIZER QUE A HORA É ESTA?

7. O QUE É, O QUE É,
TEM A PONTA AFIADA,
E É CAPAZ DE ESPETAR,
A LINHA ESTÁ SEMPRE ATRÁS DELA,
E SEM ELA NÃO PODE FICAR?

8. O QUE É, O QUE É,
CABEÇA QUENTE,
PODE ATÉ FICAR VERMELHA,
DORME NUMA CAIXINHA,
E PRA INCENDIAR, BASTA UMA CENTELHA?

9. O QUE É, O QUE É,
QUE TEM RABO DE PORCO,
ORELHA DE PORCO,
FOCINHO DE PORCO,
E NÃO É PORCO?

10. O QUE É, O QUE É,
PODIA SER AVE,
MAS NÃO É,
E PRECISA SÓ DE QUATRO
PRA UM ELEFANTE FICAR EM PÉ?

11. O QUE É, O QUE É,
É REI E REINO NÃO TEM,
DIZEM QUE É LOURO,
E NO CÉU RELUZ COMO OURO?

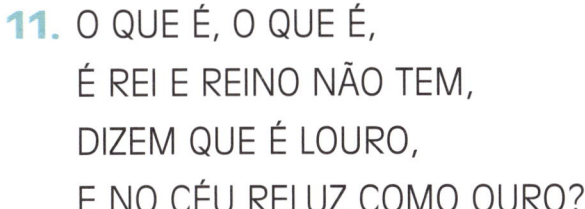

12. O QUE É, O QUE É,
TANTO FAZ DE TRÁS PRA FRENTE,
COMO DE FRENTE PRA TRÁS,
SERÁ UMA AVE RARA,
SE O CAÇADOR NÃO LHE DER PAZ?

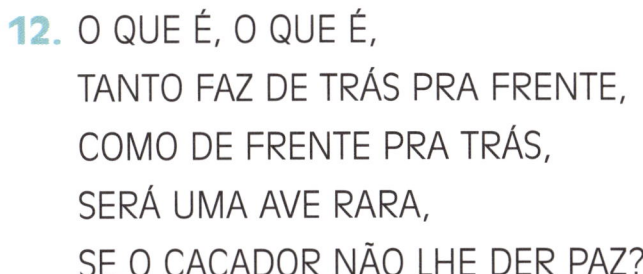

Respostas: 1. alho; 2. vento; 3. porta; 4. prato, garfo, faca, colher; 5. papagaio de papel, pipa; 6. sino; 7. agulha; 8. palito de fósforos; 9. porca ou feijoada; 10. patas; 11. sal; 12. arara.

5

A MULHER DE
E A LAGARTIXA DE

Regina Carvalho
Ilustrações: Osnei

NUMA  GRANDE E BONITA, MORAVA UMA  .

A  PUNHA  EM TODO LUGAR:

NO  , NO  E NO  . ELA ERA

VAIDOSA E NUNCA SAÍA SEM O  COM  .

NO  DA MORAVA

UMA  DE .

ELA USAVA  PORQUE ERA MÍOPE.

UM DIA, A  SAIU PARA PASSEAR E

ESQUECEU DE COLOCAR OS  .

NA VOLTA, NÃO ENXERGOU O CAMINHO E FOI

PARAR NO  DA .

A 👩 RESOLVEU IR À ⛪ E

PÔS O 👒.

A 🦎 SEM 👓 ESCORREGOU

E FOI PARAR NO 👃 DA 👩.

A 👩 E A 🦎 SE OLHARAM.

A 👩 SOLTOU UM GRITO.

A 🦎 PULOU NO CHÃO.

AS **2** SAÍRAM CORRENDO, MORRENDO DE

MEDO **1** DA OUTRA.

6
QUADRINHOS

Texto e ilustrações: Cláudio Martins

PAPO NA FLORESTA

E COMO O SACI É ESPERTO! É DANADINHO!

DESAPARECE E DEPOIS APARECE ONDE QUISER!

FAZ COM QUE OS BRINQUEDOS SUMAM!

SOLTA OS ANIMAIS QUE ESTÃO PRESOS NO CURRAL!

PERERÊ É O SACI, SEU BOBO! SACI-PERERÊ!

ESPERE AÍ! EU MORO NO BRASIL E NUNCA VI UM PERERÊ. SACI-PERERÊ, PERERÊ-SACI, SACI...

ENTÃO VOCÊ NÃO ENXERGA NADA!

ENXERGO SIM, E MUITO BEM!

DEDO MINDINHO,
SEU VIZINHO,
MAIOR DE TODOS,
FURA-BOLOS,
CATA-PIOLHOS.
ESTE DIZ QUE QUER COMER,
ESTE DIZ QUE NÃO TEM O QUÊ,
ESTE DIZ QUE VÁ PEGAR,
ESTE DIZ QUE NÃO VÁ LÁ,
ESTE DIZ QUE DEUS DARÁ.
PACA,
CUTIA,
TATU,
TRAÍRA,
MUÇUM.

SERRA, SERROTE,
DA BANDA DO NORTE,
TU, COM A ENXADA,
E EU, COM A SERRA,
GANHANDO DINHEIRO
COMO TERRA.
CHICO-CHICOTE,
NARIZ DE BODOQUE,
VENDEU SUA MÃE
POR UM CACO DE POTE.

UM, DOIS, FEIJÃO COM ARROZ,
TRÊS, QUATRO, FEIJÃO NO PRATO,
CINCO, SEIS, CHEGOU MINHA VEZ,
SETE, OITO, COMER BISCOITO,
NOVE, DEZ, COMER PASTÉIS.

8
TRAVA-LÍNGUAS

Elias José
Ilustrações: Osnei

TRAGO DA ITÁLIA
TRÊS TIAS, TRÊS TÓTENS,
TRÊS TIGRES, TRÊS TOUROS,
TRÊS TERNOS, TRÊS TALHAS
TRÊS TEXTOS E TRÊS TOALHAS.

DONA DIDI
DIGA PRA DONA DODÔ
QUE A DADÁ E O DEDÉ
DERAM UM DURO NO DUDA
E ELE DEU A GRANA DO DADO.
MIL DESASTRES.

BETO DIZ QUE É
BOM DE BOLA.
MAS SÓ ENROLA,
SÓ AMOLA
E EMBOLA
O MEIO DO CAMPO.
OU ENTÃO BETO
SÓ BATE
A BOLA NA TRAVE.

9
LIMERIQUES E QUADRINHAS

Tatiana Belinky
Ilustrações: Mariângela Haddad

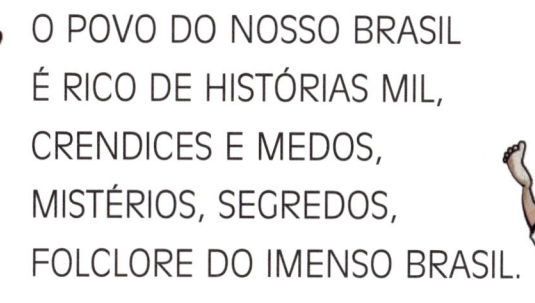

O POVO DO NOSSO BRASIL
É RICO DE HISTÓRIAS MIL,
CRENDICES E MEDOS,
MISTÉRIOS, SEGREDOS,
FOLCLORE DO IMENSO BRASIL.

VINDA DE QUALQUER DIREÇÃO,
REINA SOLTA A IMAGINAÇÃO,
COM SUSTOS, TEMORES,
ESTRANHOS AMORES,
CHEIOS DE VIBRANTE EMOÇÃO.

E AGORA VÃO SE APRESENTAR
ALGUMAS FIGURAS SEM PAR,
ENTRE AS PERSONAGENS
COM SUAS IMAGENS,
DESSA CULTURA POPULAR.

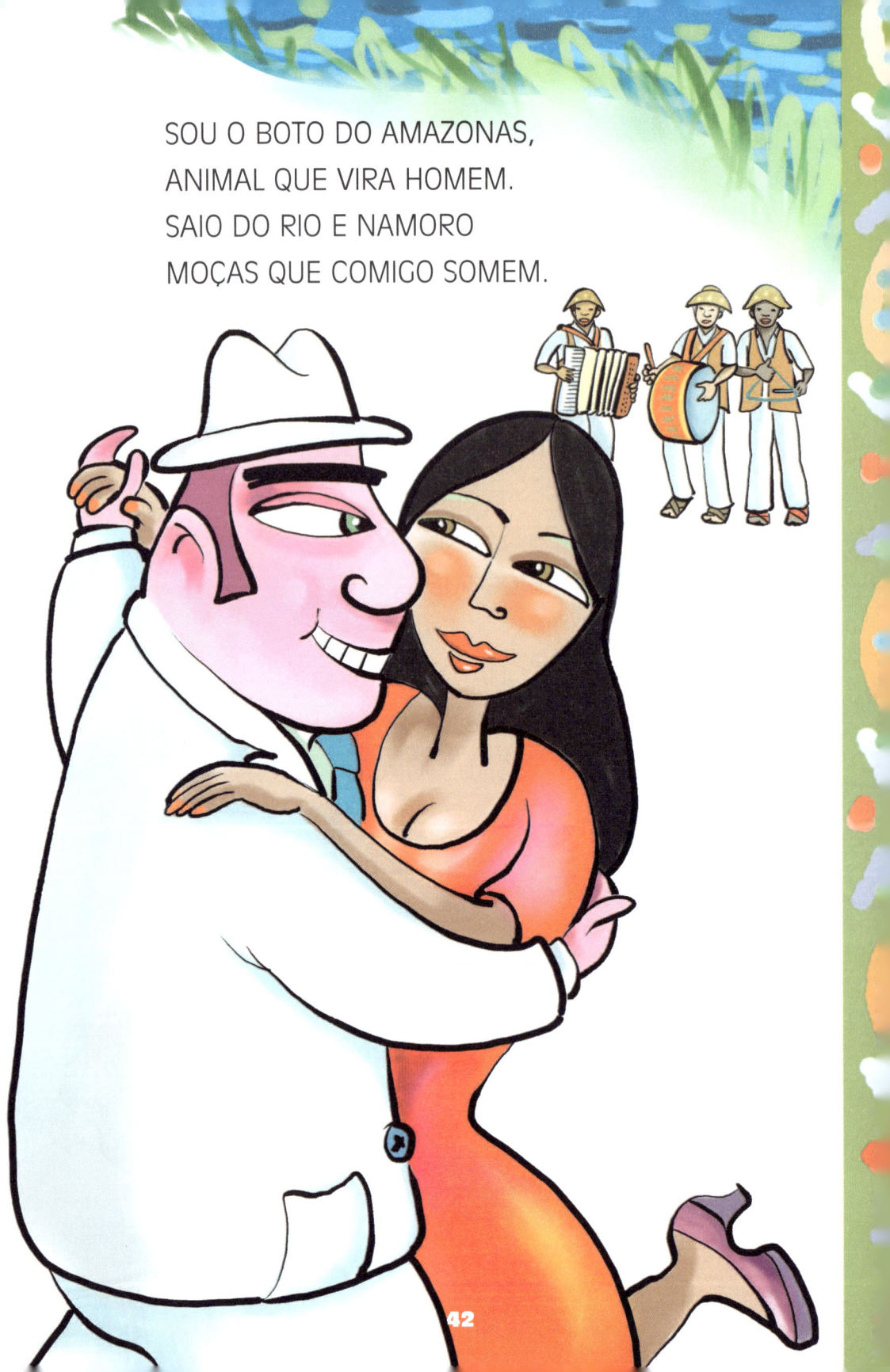

SOU O BOTO DO AMAZONAS,
ANIMAL QUE VIRA HOMEM.
SAIO DO RIO E NAMORO
MOÇAS QUE COMIGO SOMEM.

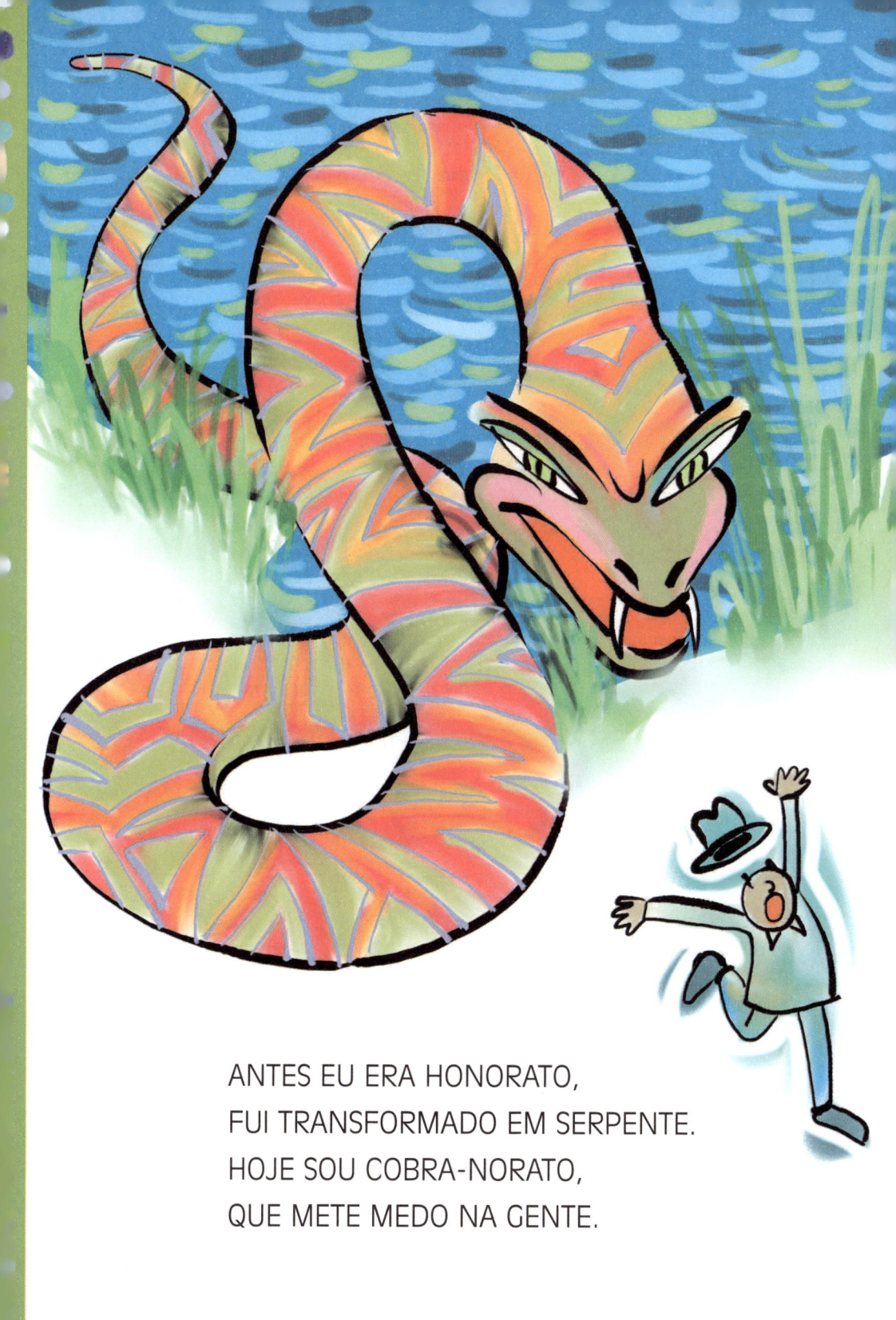

ANTES EU ERA HONORATO,
FUI TRANSFORMADO EM SERPENTE.
HOJE SOU COBRA-NORATO,
QUE METE MEDO NA GENTE.

BOITATÁ, UM SER MALVADO,
POSSO VIRAR DE REPENTE
UM ROJÃO, TOURO, SERPENTE,
MESMO ESPÍRITO PENADO.

SOU CUCA, BRUXA ENFEZADA
COM CARA DE JACAROA.
ASSUSTO GENTE MALVADA
POR MALDADE, ASSIM, À TOA.

MEU DESTINO ME CONSOME,
DIA TREZE, SEXTA-FEIRA,
UIVO PARA A LUA E VIRO
TERRÍVEL E FEROZ LOBISOMEM.

SOU A MULA SEM CABEÇA,
BOTO FOGO PELAS VENTAS,
SOU BRAVA E MATO A COICES
QUEM ME VÊ E QUE ME ENFRENTA.

SOU O CURUPIRA, O DUENDE
PROTETOR DOS ANIMAIS,
QUE, BRAVO, SEMPRE OS DEFENDE
DE PÉS VIRADOS PRA TRÁS.

NOS RIOS, MULHER MEIO PEIXE,
SOU IARA, E A MINHA CANÇÃO
SEDUZ HOMENS ENCANTADOS
COM SUA FATAL ATRAÇÃO.

EU SOU CRIATURA DO BEM,
CAVALO DAS ALMAS ME CHAMAM,
PROCURO QUEM MORRE NA ESTRADA,
PRA LEVAR PRO CÉU SUAS ALMAS.

HOJE VIMOS DESFILAR
MUITAS FIGURAS SEM PAR,
DA CULTURA POPULAR,
MAS OUTRAS MAIS VÃO FICAR
PRA OUTRA VEZ, NOUTRO LUGAR.